AF591297

LES ELEMENS,

BALLET

DANSÉ PAR LE ROY;

Dans son Palais des Thuilleries,

En l'année 1721.

REPRÉSENTÉ PAR L'ACADEMIE ROYALE DE MUSIQUE;

Le 29 may 1725. Et le 27 may 1734.

Remis au théâtre le mardi 22 may, 1742.

DE L'IMPRIMERIE

De JEAN-BAPTISTE-CHRISTOPHE BALLARD, seul imprimeur du Roy, et de l'academie royale de musique.

A Paris, au Mont-Parnasse, ruë saint-Jean-de-Beauvais.

M. DCC XLII.

AVEC PRIVILEGE DU ROY.

LE PRIX EST DE XXX. SOLS.

Les Paroles sont de Mr Roy, Chevalier de l'Ordre de Saint Michel.

La Musique de Mr Destouches, Sur-Intendant de la Musique du ROI.

TERPSICORE, AU ROY.

O Toi, de l'univers la plus chere esperance,
PRINCE, dont les vertus assurent la puissance,
Toi, qui fais rajeunir LA FRANCE & les beaux arts;
Daigne sur TERPSICORE abaisser tes regards:
Donne aux Muses mes sœurs la gloire de t'instruire,
Celle de t'amuser est la seule où j'aspire.
Puissent pour toi mes Jeux devenir plus galans,
Puissent avec ton goût, s'élever les talens!
Je ne regrette plus les fêtes de la Grece,
Spectacles où les Rois éprouvoient leur adresse.

Quel prix tu mets à ceux que je vais célébrer!
De tes propres attraits, tu daignes les parer.
Prince, que ton palais s'ouvre au peuple qui t'aime,
En toi, dans ces momens il ne voit que toi-même,
Il trouve dans tes pas la noble activité,
Sur ton front l'air serein, la fleur de la beauté,
Dans tes jours rafermis, un espoir plein de charmes,
Jours devenus pour nous plus chers par nos allarmes!
Jusques dans tes plaisirs tu t'attires les cœurs,
Et de joye & d'amour tu vois couler des pleurs.
Le grand ROI, dont le Ciel commence en toi l'image,
En adoptant mes Jeux, en consacra l'usage:
Et ceux qui sur la Scene avoient suivi ses pas,
Le suivirent bien-tôt dans l'ardeur des Combats.
Leur sang & leur vertu pour Toi se renouvelle,
Leurs enfans sous tes yeux font l'essai de leur zele:
Tel en attendant l'âge & les soins des heros,
Achille ennoblissoit les jours de son repos.

ON a choisi LES ELEMENS comme un sujet capable de varier le Spectacle & la Musique, et l'on a conçu que des intrigues separées devoient moins fatiguer l'attention, qu'une piece en plusieurs actes, et qu'elles amenoient les divertissemens avec plus de facilité.

On a préferé aux Genies Elementaires des personnages plus connus.

L'EAU est caracterisée par le naufrage d'*Arion*, par sa reception chez *Neptune*, pareille à celle de *Thesée* * chez *Achelous*, et par son mariage avec une Syrene, union convenable à leurs talens et au lieu où la Scene se passe. * Ovid. Metam. liv. 9.

LE FEU Elementaire ne pouvoit être que celui des Vestales, qui s'allumoit aux rayons du Soleil, (car *Vulcain* ne désigneroit que le feu terrestre) Le trait d'Histoire * qu'on a adopté est célébre; le peril *d'Emilie* interessant, et l'action est dénouée par un prodige assorti à la superstition des Romains. * Val. Max. c. 3.

L'AIR offre l'évenement tragique d'*Ixion*, et son amour pour *Junon* qui préside à cet Element.

LA TERRE rassemble tous les dieux qui l'habitent, ou qui la cultivent: Les plus agréables sont *Vertumne* & *Pomone*, dont l'avanture n'avoit point encor été mise au théâtre, telle qu'*Ovide* nous l'a laissée.

Enfin, ce Ballet donne de soi même l'idée du Prologue: LES ELEMENS sont nez du Cahos, l'on a saisi le moment de leur naissance: Et à l'exemple de *Virgile*, * on a cru pouvoir annoncer dès le commencement du monde, les destinées D'UN PRINCE qui en doit faire le bonheur. * Eclog. 4. Æneide. 6.

PERSONNAGES DU PROLOGUE.

LE DESTIN, Mr. Le Page.

VENUS, Mlle. Eeremans.

Les Graces, & Plaisirs de la Suite DE VENUS.

PERSONNAGES DANSANS.

SUITE DE VENUS, LES GRACES;

Mesdemoiselles Fremicourt, Courcelle, Dazencour.

JEUX ET PLAISIRS;

Monsieur Matignon;

Messieurs Dangeville, Thessier, Couques; Levoir.

Mesdemoiselles Thiery, Dary, St Huray, Minot.

Acteurs & actrices chantans dans tous les chœurs.

CÔTE' DU ROY.		CÔTE' DE LA REINE.	
Mesdemoiselles	*Messieurs*	*Mesdemoiselles*	*Messieurs*
Dun,	St. Martin,	Antier-C.,	Deserre,
	Marcelet,		Gratin,
Delorge,	Le Page,	Cartou,	Le Messe,
	La Mare,		S^t. Amour,
	Fel,	Deshaigles,	Deshais,
Varquin,	Houbault,	Desgranges,	Levasseur,
	Bourque,		Treizeville,
Dallemand-C.,	Bornet,	Gautier,	Chapotin.
	Gallard,		Buzeau,
Coupée.	Duchenet.	Mechain.	Duplessis.

PROLOGUE.

Le theâtre repréſente le cahos. C'eſt un amas de nuages, de rochers, d'eaux immobiles & ſuſpenduës, de feux qui s'échapent par des volcans. Le Deſtin eſt placé au milieu du theâtre.

SCENE PREMIERE.

LE DESTIN.

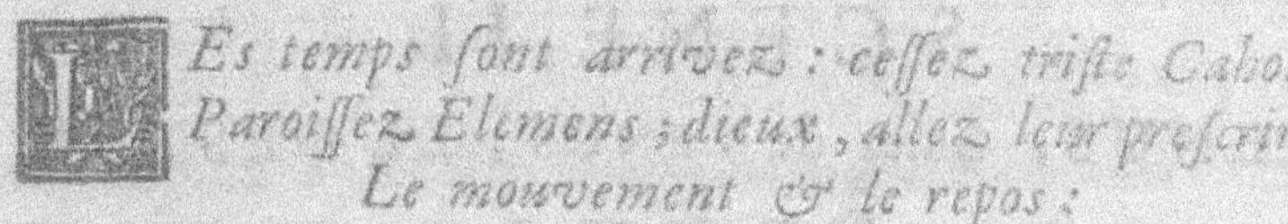

LEs temps ſont arrivez : ceſſez triſte Cahos.
Paroiſſez Elemens ; dieux, allez leur preſcrire
Le mouvement & le repos :
Tenez-les renfermez chacun dans ſon empire.

Coulez ondes, coulez, volez rapides feux,
Voile azuré des airs, embraſſez la nature,
Terre enfante des fruits, couvre-toi de verdure :
Naiſſez mortels, pour obéir aux dieux.

Le feu monte à sa sphere, les nuages s'étendent, les arbres couverts de fleurs & de fruits, sortent de terre, et les deux aîles du théâtre, découvrent les DIEUX DES ELEMENS;

SÇAVOIR,

Ceux *de l'Eau*, Neptune, Thetis & les Syrenes:

Ceux *du Feu*, Vesta, Vulcain, les Forgerons:

Ceux *de l'Air*, Junon, Eole, le Soleil, l'Aurore:

Ceux *de la Terre*, Cybele, Cerés, Bacchus, Pomone, Flore:

LES CHOEURS d'un côté, sont des Mariniers, et de l'autre côté, des Moissonneurs.

CHOEUR.

Paix adorable,
Regnez sur nous;
Sans vous, rien n'est durable,
L'ordre de l'Univers ne dépend que de vous.

SCENE II.

VENUS, Suite de VENUS, LE DESTIN.

VENUS.

Tandis qu'entre les dieux le monde se partage,
Qu'aux divers Elemens, ils doivent présider,
L'Amour est oublié, c'est l'Amour qu'on outrage!
Sans lui tant d'interêts peuvent-ils s'accorder?

Rappellons aujourd'hui la Discorde bannie,
Hâtons-nous, rompons ses fers,
Dans le premier cahos replongeons l'univers;
Des Elemens détruisons l'harmonie.

LE DESTIN.

Rassure-toi, Venus: A ces dieux j'ai soûmis
La terre, le feu, l'air & l'onde;
Mais que sert de marquer un empire à ton fils,
Ce seroit le borner, n'a-t-il pas tout le monde?

VENUS.

Combien verrai-je, helas! durer tous ces honneurs,
S'il est vrai qu'un mortel doit naître,
Qui des autres, paisible maître,
Doit un jour à mon fils disputer tous les cœurs?

LE DESTIN.

Après cent Rois célébres dans l'histoire,
Il viendra des mortels accomplir les desirs;
Mais il doit des heros rapeller la memoire;
Et laissant à ton fils l'empire des plaisirs,
Il ne voudra que celui de la gloire.

VENUS.

Mes soupçons jaloux sont finis:
Vous, à qui l'avenir se montre sans nuage,
Destin, faites-moi voir l'image
De ce mortel si semblable à mon fils.

Le fond du théâtre s'ouvre, et l'on voit paroître
LA STATUE DU ROI.

LE DESTIN.

Tu le vois, c'est des dieux le plus parfait ouvrage:
Célébrons les beaux jours que son regne présage.

VENUS, alternativement avec LES CHOEURS.

Trompettes, éclatez, frapez, percez les airs,
Eclatez, annoncez un maître à l'univers.
Tous les cœurs volent sur ses traces,
Tous les dieux vont s'unir pour sa félicité,
Sur son auguste front brille la majesté;
Dans ses yeux regnent les graces.

On danse.

Trompettes, éclatez, &c.

VENUS.

Que l'air forme pour lui de douces influences.

LE DESTIN.

Que la terre pour lui produise des lauriers.

ENSEMBLE.

Que le feu promt pour ses vengeances,
De cent foudres mortels arme ses fiers guerriers.
Que ses vaisseaux maîtres des ondes,
Lui portent les trésors & les vœux des deux mondes.

On danse.

UNE

UNE GRACE.

Songez à faire usage
De vos loisirs,
La raison du bel âge
C'est le goût des plaisirs:

Qu'Amour regne en vos fêtes,
Venez, suivez ses pas;
Si ce dieu n'en est pas,
Vos jeux ont peu d'appas:

Il vous offre en ces lieux
Vos premieres conquêtes:
Il n'attend que vos vœux,
Hâtez-vous d'être heureux. On danse.

UNE GRACE, alternativement avec le CHOEUR.

Ne suivez que l'Amour pour maître,
Craignez moins ses tendres langueurs:
C'est pour lui qu'il vous a fait naître;
Vivez pour lui, méritez ses faveurs:
Sur ses pas, les plaisirs vont paroître;
Le chercher, le sentir, le connoître,
C'est le seul bien qui soit digne des cœurs.

On danse.

CHOEUR.

Trompettes, éclatez, frapez, percez les airs,
Eclatez, annoncez un maître à l'univers.

FIN DU PROLOGUE.

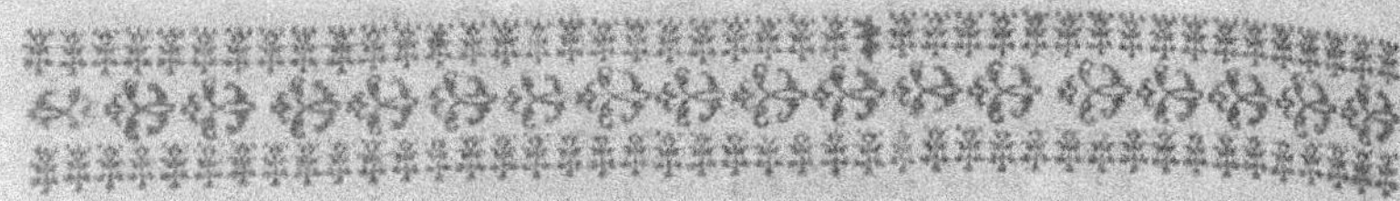

PERSONNAGES DE LA PREMIERE ENTRÉE.

LEUCOSIE, Mlle Fel.

DORIS, Mlle Bourbonnois.

ARION, Mr Jelyotte.

NEPTUNE, Mr Person.

CHOEURS DE TRITONS ET DE NEREIDES.

PERSONNAGES DANSANS.

MATELOTS ET MARINIERES;

Monsieur D-Dumoulin;
Messieurs Matignon, Malter-C., Dangeville, Thessier, Couques, Levoir.

Mademoiselle Camargo;
Mesdemoiselles Erny, Petit, Dazencour, Courcelle, Minot, St. Huray.

PREMIERE ENTRÉE.

L'E A U.

Le théâtre représente le palais de NEPTUNE.

SCENE PREMIERE.

DORIS, LUCOSIE.

DORIS.

ENfin, belle Syrene, avez-vous fait un choix?
Et Neptune & Thetis, dont nous suivons les loix,
Attendent que l'hymen vous fixe en cet empire:
Eole à ce bonheur depuis long-tems aspire.

LEUCOSIE.

Eole ſouleve les flots,
Les vents ſont animez par ſon courroux terrible :
De l'onde il trouble le repos,
Je veux un époux plus paiſible.

DORIS.

Favori du dieu des eaux
Protée aſpire à vous plaire.

LEUCOSIE.

Non, c'eſt envain qu'il eſpere
L'emporter ſur ſes rivaux.

DORIS.

Craignez-vous l'amour & ſa flamme,
Ces plaiſirs que vos chants ont vantez tant de fois ?
Il anime votre voix ;
Ne peut-il regner dans votre ame ?

LEUCOSIE.

Je ne fuis point l'Amour autant que tu le crois.
La mer étoit tranquille au lever de l'aurore,
Les ſeuls Zephirs regnoient dans l'humide ſéjour,
La ſenſible Alcione, et l'époux qu'elle adore,
Reſpiroient le calme & l'amour.

Des accens enchanteurs font retentir la rive:
Je porte sur les flots une vûe attentive,
J'y vois un Apollon nouveau:
Il en avoit la voix, la lyre, tous les charmes;
Cet objet si rare & si beau,
Contre tout autre objet donne à mon cœur des armes.

Bruit de tempête.

ENSEMBLE.

Quel orage! Quel bruit! Que de feux! Que d'éclairs!
Tous les vents soulevent les mers.

SCENE II.

On voit au fond du théâtre, un vaisseau qui s'abîme.

LEUCOSIE, DORIS, CHOEUR.

CHOEUR.

NOus perissons, ciel! O ciel équitable,
C'est la mort d'Arion, que vange ta fureur.

LEUCOSIE.

Ils vont perir: je plains leur destin déplorable.
Doris, interessez Neptune en leur faveur.

SCENE III.

ARION paroît sur un Dauphin, LEUCOSIE.

ARION.

Vastes mers, dont les flots ont servi ma vengeance,
Suspendez votre violence.
Doux charme de mon art, accords harmonieux,
Devenez plus touchans, pour rendre grace aux dieux,
Que pour implorer leur puissance.

LEUCOSIE.

Ah! que mon cœur sent de troubles secrets!
C'est lui qui de l'amour m'a fait sentir les traits.

ARION, à part.

J'ignore quel air je respire:

À LEUCOSIE.

Où suis-je? Daignez m'en instruire.

LEUCOSIE.

Du dieu des mers c'est ici le séjour.

ARION.

Vous êtes donc Thetis! Ah, déesse, en ce jour
Aprouvez les transports de ma reconnoissance.

LEUCOSIE.

Non, non, Thetis me tient sous son obéissance:
Mais vous, quel sort nouveau vous amene à sa cour.

ARION.

Dans les arts d'Apollon élevé dès l'enfance,
Comblé des bienfaits d'un grand Roi,
Je portois mes tresors aux lieux de ma naissance;
De perfides mortels s'armerent contre moi;
Dans les flots écumans, où me jetta leur rage,

En montrant le Dauphin.

Ce prodige nouveau parût pour mon secours;
Ainsi le dieu des mers recompense l'hommage,
Que ma voix & mon cœur lui rendoient tous les jours.

LEUCOSIE.

Quoi! C'est vous, dont la voix en prodiges feconde
Animoit la terre & les airs;
Quoi! C'est vous qui chantiez ce jour si cher au monde,
Où la mere d'amour sortit du sein des mers?

ARION, à part.

Dieux! Que d'attraits! Dieux! Qu'elle est belle!

à LEUCOSIE.

Venus a dans ces lieux de quoi payer mon zele:
D'un seul de vos regards je serois plus flaté,
Que du prix qu'avoit reçu d'elle,
Le celebre Berger, juge de la beauté.

LEUCOSIE.

Vous ignorez encor qu'une cour immortelle
A bien d'autres objets dignes de vous charmer?
Un cœur si prompt à s'enflammer
Pourroit devenir infidelle.

ARION.

Insensible jusqu'à ce jour,
J'ignorois les transports dont j'ose vos instruire;
C'est un miracle de l'amour,
Et trop cher à ce dieu, pour vouloir le détruire.

LEUCOSIE.

Je dépens de Neptune... Il vient avec sa cour.

SCENE IV.

NEPTUNE, ARION, LEUCOSIE,
Suite de NEPTUNE.

NEPTUNE.

C'Est peu de vous sauver d'une mort effroyable,
Arion, remplissez un destin glorieux,
Neptune est votre pere... assis parmi nos dieux,
Vous trouverez ce sejour plus aimable,
Que la terre & les cieux.

ARION.

ARION.

Ah, quel bonheur!

NEPTUNE.

Je veux le rendre plus durable,
Je connois votre amour, je vous unis tous deux.

Suivez les doux transports que ce dieu vous inspire,
Qu'il regne, qu'il triomphe, aimez toujours ses loix,
Que l'accord de vos cœurs, que l'accord de vos voix
Fassent l'honneur de cet empire.

ARION, ET LEUCOSIE.

Soupirons à jamais dans une paix profonde,
Les fleuves cesseront de couler dans les mers,
Le soleil cessera de se coucher dans l'onde,
Quand nos cœurs briseront leurs fers.

NEPTUNE.

Vous, Habitans de mes rivages,
Venez entr'eux & moi partager vos hommages.

CHOEUR.

Qu'à nos sens éclatans les ondes aplaudissent,
Fuyez fiers aquilons, volez tendres zephirs,
Que ces beaux lieux, et ces amans jouissent
Du plus profond repos, et des plus doux plaisirs.

On danse.

LEUCOSIE.

Tendre Amour,
De ce séjour
Chassez les cruelles,
Et d'amans fidelles
Formez votre cour.
Dieu des cœurs,
Sur vos faveurs
Fondez votre empire;
Jamais de martire,
Toujours des douceurs.
Quel plaisir de s'enflammer!
De notre esclavage
Faut-il s'allarmer?
Non, non, dans le bel âge,
Rien ne dédommage
Du bonheur d'aimer.

On danse.

LEUCOSIE.

alternativement avec LE CHOEUR.

Jeunes beautez, venez, c'est trop attendre,
Hâtez-vous de porter les chaînes des amours.

Les fleuves, après un long cours,
A Neptune viennent se rendre:
Les cœurs, après mille détours,
Vont payer à l'Amour le tribut qu'il veut prendre.

Jeunes Beautez, venez, c'est trop attendre,
Hâtez-vous de porter les chaînes des amours.

FIN DE LA PREMIERE ENTRE'E.

PERSONNAGES
DE LA DEUXIE'ME ENTRE'E.

EMILIE, Mlle Le Maure.

VALERE, Mr. Le Page.

L'AMOUR, Mlle Coupée.

CHOEUR DE PRÊTRESSES DE VESTA.

CHOEUR DE CHEVALIERS ROMAINS.

PERSONNAGES DANSANS.

VESTALES;

Mesdemoiselles Carville, Rabon, Petit, Erny, Thiery, Dazencour, Courcelle.

CHEVALIERS ROMAINS;

Monsieur Dupré;
Messieurs Javilliers-3., Dumay, Dupré, Monservin, Javilliers-2., Matignon, Malter-C.

DEUXIÉME ENTRÉE,

LE FEU.

Le théâtre représente le vestibule du temple de Vesta, et au fonds, le sanctuaire où est le feu sacré.

SCENE PREMIERE.

EMILIE, Troupe de PRÊTRESSES.

CHOEUR.

Flamme que révere
Cet empire heureux,
De nos fiers ayeux
Tresor tutelaire,
Rayon precieux
Du flambeau des cieux,
Nuit & jour éclaire,
Et défend ces lieux.

EMILIE.

Brillez dans ces beaux lieux, brillez flamme éternelle,
Gage de notre gloire, objet de notre zele.

Dès mes plus tendres ans asservie à vos loix,
Sous son empire un autre dieu m'appelle,
L'hymen forme pour moi la chaîne la plus belle,
Et je sers vos autels pour la derniere fois.

Brillez dans ces beaux lieux, brillez flamme éternelle,
Gage de notre gloire, objet de notre zele.

CHOEUR.

On vous doit la gloire,
Les jours des Cesars;
Par vous la victoire
Suit nos étendars.

Unique esperance,
Source de bienfaits,
Versez l'abondance,
Donnez-nous la paix.

On danse.

EMILIE.

O Vesta, terrible déesse,
Tu veux qu'un trépas honteux
Soit la peine de la prêtresse,
Qui laisse éteindre tes feux.

A
AUX PRETRESSES.

Que vos soins assidus préviennent sa vengeance,
Que vos fidelles cœurs attirent ses bienfaits :
Un nœud misterieux enchaîne pour jamais
Ses honneurs & notre puissance.

On danse.

EMILIE, à sa Suite.

Allez. Tant que la nuit obscurcira les airs,
Sur le dépôt sacré, j'aurai les yeux ouverts.

SCENE II.

EMILIE.

AMour, de mon bonheur assure le présage,
Et d'un songe importun viens effacer l'image.

SCENE III.

EMILIE, VALERE.

EMILIE.

AH ! Valere, quel tems vous présente à mes yeux !
Un mortel ose-t'il penetrer dans ces lieux ?

VALERE.

Ma flamme impatiente
A vaincu tout obstacle : est-ce un crime pour moi,
Est-ce offenser le ciel garant de votre foi ?
L'Amour va combler mon attente,
Bientôt l'aurore naissante
Me voit l'heureux rival des dieux :
Que je lise du moins mon bonheur dans vos yeux,
Ne me refusez pas un regard qui m'enchante.

EMILIE.

Ah ! Devez-vous ici me parler de vos feux ?

VALERE.

Quel azile si sévere
Est interdit à l'Amour ?
Dans quel temple ce dieu ne se fait-il pas jour ?
Il est le souverain des dieux qu'on y révere.

Vos

Vos beaux yeux sont baignez de pleurs.
Eh, qui les fait couler?

EMILIE.

Helas! j'ai tout à craindre:
Le ciel à notre hymen présage mille horreurs.

VALERE.

Ah! vous ne m'aimez plus.

EMILIE.

Je serois moins à plaindre;
Aprenez donc tous nos malheurs.
Les voiles de la nuit commençoient à s'étendre:
Un songe trop flateur vous offroit à mes yeux;
Je vous parlois: Jamais mon cœur ne fut plus tendre;
Quand de tristes clameurs ont monté jusqu'aux cieux.
J'ai vû Vesta, sa voix a glacé mon courage,
Le temple en a tremblé... du milieu d'un nuage,
Des feux étincelans ont eclaté sur nous,
Au moment que la mort me separoit de vous.

VALERE.

Reprenez l'esperance,
Nos feux seront victorieux:
Et j'en ai pour garants les dieux,
Vos attraits, et ma constance.

EMILIE.

Jusques au jour naissant abandonnez ces lieux,
Je vais de mes devoirs remplir la loi suprême,
Je dois veiller ici.

VALERE.

L'Amour veille pour nous.

EMILIE.

Ce sont mes derniers soins ; les dieux en sont jaloux,
Je retourne à l'autel.

VALERE.

Vous fuyez qui vous aime?

EMILIE.

A mon bonheur je m'arrache moi-même ;
Je porte à la déesse un cœur trop plein de vous.

VALERE.

L'absence d'un moment m'est un supplice extrême.

SCENE IV.

Le théâtre s'obscurcit par l'extinction du feu sacré, et la clarté céde à la nuit.

VALERE, CHOEUR DE PRÊTRESSES.

CHOEUR.

Quel bruit affreux! Quel présage effroyable!
O sort cruel! O prêtresse coupable!

VALERE.

De quels lugubres cris retentissent ces lieux?

SCENE V.

EMILIE, VALERE.

EMILIE.

Qu'ai-je fait ! Quelle horreur ! Tonnez, frapez, grands dieux :
Sur moi seule épuisez votre haine implacable.

VALERE.

Qu'avez-vous, Emilie ! Et quel trouble confus...

EMILIE.

Je tremble, Je frémis, le feu sacré n'est plus.
J'entends déja la foudre menaçante,
Les prêtres, le senat, les peuples en fureur,
L'on creuse mon tombeau, l'on m'y traîne vivante,
Et d'une lente mort j'y vais subir l'horreur.

VALERE.

Ah ! Perisse plutot ce peuple & sa puissance,
Perissent mille fois
Les aveugles auteurs de ces barbares loix,
Qui des fautes du sort accablent l'innocence,
Je vous verrois mourir ! Impitoyables dieux ;
Ah ! Si des feux si purs arment votre vengeance,
Qui donc est innocent, ou coupable à vos yeux !

EMILIE.

Ne faites point aux dieux un reproche inutile.

VALERE.

Fuyons de ces tristes lieux,
Suivez qui vous adore...

EMILIE.

Où sera notre azile?
Non, non, laissez-moi seule attendre le trépas,
Ici votre présence offense trop ma gloire,
Et vos efforts ne me sauveroient pas.
Adieu, conservez ma memoire;
Je pardonne au ciel en courroux,
S'il ajoûte à vos jours ceux que je perds pour vous.

ENSEMBLE.

Ciel implacable que j'implore,
Frape, lance tes traits, termine mes malheurs,
Non, non, fai sur moi {seul / seule} éclater tes rigueurs,
Epargne l'objet que j'adore.

Mais, quel éclat se répand dans ces lieux!
C'est l'Amour qui descend des cieux.

SCENE VI.

L'AMOUR, un flambeau à la main, descend sur un nuage, et rallume le feu sacré.

L'AMOUR, EMILIE, VALERE.

L'AMOUR.

Mon flambeau sur l'autel fait revivre la flamme.
Les maux que fait l'Amour, il sait les reparer.
Vivez belle Emilie, et rassurez votre âme ;
C'est votre hymen que je viens éclairer.

EMILIE, ET VALERE.

Tu fléchis les destins contraires,
Amour, ah ! Qu'à ce prix nos peines nous sont cheres!

L'AMOUR.

Venez, Peuples, venez célébrez ce beau jour,
L'hymen d'une Vestale a fondé votre empire,
Un autre y fait briller le flambeau de l'Amour,
Chantez, ouvrez vos cœurs aux transports que j'inspire.

Les seigneurs romains entrent pour mener la Vestale hors du temple.

VALERE, au Peuple.

Vous qui voyez l'objet dont je suis enchanté,
Applaudissez à ma felicité.

On danse.

VALERE, à EMILIE.

Le feu qu'en ce temple on adore,
Languit, s'éteint, s'il manque de secours:
Le feu qui pour vous me dévore,
A pris dans vos beaux yeux de quoi durer toujours.

Que de vos chants retentissent les airs.
Je triomphe du sort qui nous faisoit la guerre;
L'Amour commande au ciel, à la terre, aux enfers,
Et dans la main des dieux il éteint le tonnere.

CHOEUR.

Que de nos chants retentissent les airs.
Triomphez du Destin qui vous faisoit la guerre;
L'Amour commande au ciel, à la terre aux enfers,
Et dans la main des dieux il éteint le tonnerre.

FIN DE LA DEUXIE'ME ENTRE'E.

PERSONNAGES
DE LA TROISIÉME ENTRÉE.

IXION,	Mr Le Page.
JUNON,	Mlle Eeremans.
MERCURE,	Mr Jelyotte.
JUPITER,	Mr Person.
UNE DES HEURES,	Mlle

LES HEURES du JOUR & de la NUIT.

CHOEURS d'AQUILONS, et de ZEPHIRS.

PERSONNAGES DANSANS.

LES ZEPHIRS;

Monsieur Lany;

Messieurs Couques, Levoir, Hamoche, Malter-L.

LES HEURES;

Mademoiselle Dallemand-L;

Mesdemoiselles, Courcelle, Petit, Rabon, Erny, Thiery, Dazencour.

TROISIE'ME

TROISIÉME ENTRÉE.

L'AIR.

Le théâtre représente le palais DE JUNON.

SCENE PREMIERE.

IXION.

DE la reine des airs, tout m'annonce la gloire,
Et tout ce que je vois irrite mes desirs ;
Desirs ambitieux, helas ! Dois-je vous croire?
Faut-il vous étouffer & perdre mes plaisirs ?
Malheureux Ixion, quel espoir de victoire
Autorise ici tes soupirs?

SCENE II.

MERCURE, IXION.

MERCURE.

DEpuis que je vous vois à la table des dieux,
Vous n'avez point encore employé ma puissance.
Verriez-vous nos beautez avec indifference ?
Ne m'en imposez pas ; Mercure a de bons yeux.

IXION.

Tout occupé du rang où mon bonheur me place,
Nul autre soin ne m'embarasse.

MERCURE.

Pour occuper les cœurs la grandeur n'a qu'un jour,
Bientôt son éclat importune :
Et la plus brillante fortune
Pour nous désennuyer, nous rend au tendre Amour.
Aimez, n'est-il donc rien qui puisse ici vous plaire ?

IXION.

Hé bien, conseillez-moi ; quel choix devrois-je faire ?

MERCURE.

De l'ennui d'un nouvel époux
Consolez la jeune Aurore ;
A Zephire disputez Flore,
Quel triomphe sera plus doux ?
L'une & l'autre vous implore
Contre l'amant volage, et le mari jaloux.

IXION.

Non, non, à ces beautez je ne rends point les armes.
L'Aurore avec Cephale, oubliera ses malheurs ;
Il sait l'art de tarir ses pleurs,
Et Flore connoît peu les charmes
Des fidelles ardeurs.
Non, non, à ces beautez je ne rends point les armes.

MERCURE.

Pour votre cœur généreux & fidelle,
La fierté de Junon seroit belle à dompter.

IXION.

De Junon !

MERCURE.

Je sais trop votre respect pour elle :
Par des soins empressez on le voit éclater.

IXION.

Pour la Reine des cieux, peut-on blâmer mon zele ?

MERCURE.

S'il n'est rien dans les cieux qui vous puisse arrêter,
Descendons sur la terre où Jupiter m'appelle ;
Occupons comme lui, quelque aimable mortelle.

IXION.

A vos sages conseils qui pourroit resister ?

ENSEMBLE.

Consultons le plaisir, écoûtons moins la gloire ;
Des aveugles mortels évitons les erreurs ;
Ils cherchent, en aimant, l'éclat de la victoire.
Contentons-nous d'en gouter les douceurs.

MERCURE.

Vous ne me suivez pas ?

IXION.

Préparez la conquête,
J'attens votre retour.

MERCURE.

Je sais ce qui t'arrête.

IXION, à part.

Auroit-il reconnu l'objet de mon amour ?

SCENE III.

Le palais de JUNON, s'ouvre; Elle est sur son trône, le Temps est à ses pieds, les Heures à côté d'elle, avec les Aquilons & les Zéphirs. IRIS paroît sur son Arc, derriere le trône.

CHOEUR.

TRiomphez, triomphez souveraine des airs;
Tout est prêt d'obéir à vos ordres divers.

LES ZEPHIRS.

Recevez des Zephirs les paisibles hommages.

LES AQUILONS.

Ouvrez aux Aquilons & la terre & les mers.

LES ZEPHIRS.

Par de beaux jours, enchantons l'univers.

LES AQUILONS.

Faisons voler par tout l'horreur & les orages.

LES ZEPHIRS.

L'aurore de ses feux va dorer les nuages.

LES AQUILONS.

Faisons regner la nuit & les hyvers.

JUNON.

Aquilons, aux Zéphirs ne faites plus la guerre;
Laissez tous les mortels jouir de mes présens;
C'est des cœurs satisfaits que je veux de l'encens,
Junon fait son bonheur du repos de la terre.

Diligente Aurore,
Répandez encore
Des feux plus brillans ;
Commandez au Temps
D'épargner de Flore
Les tresors naissans. On danse.

UNE DES HEURES, alternativement avec
LE CHOEUR.

Heures favorables
Aux vœux d'un amant,
Coulez lentement,
Soyez durables:
Heures de peine & de tourment,
Passez promptement. On danse.

JUNON, alternativement avec le CHOEUR.

Vole à ma voix dieu du printems,
Ton amour constant pour Flore,
La rendra plus belle encore :
Regne dieu du printems,
Rend les mortels toujours contens.

On danse.

JUNON.

Allez Zephirs, calmez le ciel, la terre & l'onde ;
Allez, et de Junon répandez les bienfaits :
Qu'Iris annonce au monde
Les beaux jours & la paix.

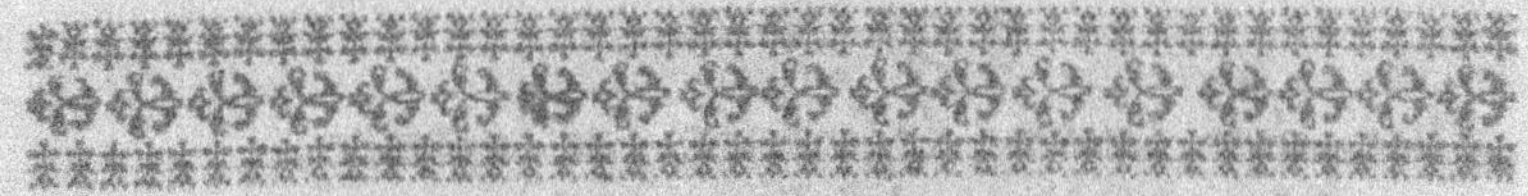

SCENE IV.

JUNON, IXION.

JUNON.

ME trompai-je, Ixion? Votre faveur nouvelle
M'assure-t-elle en vous, un ministre fidelle,
A qui je puisse ouvrir mon cœur?

IXION.

Quelle gloire plus belle,
Quel bien pour moi plus précieux?
C'est lire dans mon cœur, que d'approuver mon zele:
Ah! De ce seul moment je me crois dans les cieux.

JUNON.

Vous savez qu'en dépit de mon amour extrême,
Jupiter me trahit, m'offense chaque jour.

IXION.

Jupiter est perfide, et toujours Junon l'aime!
Quoi, ce dieu si cheri peut quitter ce séjour!
Je l'ai cru moins heureux de sa grandeur suprême,
Que de l'excès de votre amour.

JUNON.

Allez cher Ixion, descendez sur la terre,
Mes aquilons n'obéiront qu'à vous :
Sachez quelle beauté plaît au dieu du tonnerre,
Et livrez la victime à mes transports jaloux.

IXION.

Avec bien moins de courroux
La vengeance se signale :
Ne punissez que l'époux,
Sans songer à la rivale.

JUNON.

Eh! qui peut remplacer Jupiter dans mon cœur?

IXION.

Un amant moins superbe, et plus rempli d'ardeur.

JUNON.

Que dites-vous? d'une ardeur indiscrete
Quelque dieu près de moi vous fait-il l'interprete?

IXION.

Un dieu! Qui donc d'entre-eux emprunteroit ma voix?
Pour le bonheur d'un dieu, voudrois-je vous déplaire?
Non, je vous armerois contre le téméraire.

JUNON.

J'estime ce courroux autant que je le dois.

IXION.

IXION.

Ah! N'en pouvez-vous pas penetrer le mistere?
Des feux les plus ardens je me sens dévorer:
Jugez quelle est leur violence,
Si, malgré le danger de rompre le silence,
Un mortel à Junon, ose les déclarer;
Jugez quelle est leur violence.

JUNON.

Quel discours, quelle horreur, quels transports furieux!
Pour jamais évite mes yeux.

IXION.

Non, j'aime mieux les voir tout armez de colere.
Non, précipitez-moi des cieux;
Si je ne vous vois pas, rien ne sauroit m'y plaire;
Je vous suivrai par tout, à toute heure, en tous lieux.
Non, précipitez-moi des cieux,
Partagez ou vengez un amour témeraire.

JUNON.

Quoi! Plus coupable encor tu braves ma fureur?

IXION.

Vos bontez m'ont trahi; quand je voulois me taire,
Vous avez arraché le secret de mon cœur.

Percez ce triste cœur, prenez votre victime,
Frapez...je ne me puis repentir de mon crime...
A mes pleurs, à mes cris, à mes vives douleurs,
N'offrez-vous d'autre prix que toutes vos rigueurs!

Un nuage dérobe JUNON aux yeux d'IXION.

Mais quel nuage nous sépare!
Déesse, où fuyez-vous!...que dis-je? je m'égare,
Le nuage s'entr'ouvre... O spectacle fatal!

SCENE V.

JUPITER, IXION.

JUPITER.

SErs d'exemple aux ingrats, tombe au fonds du Tartare.

IXION.

Dieu cruel, dieu barbare,
Je meurs du moins ton rival.

FIN DE LA TROISIE'ME ENTRE'E.

PERSONNAGES
DE LA QUATRIÉME ENTRÉE.

POMONE, Mlle Le Maure.
VERTUMNE, Mr Jelyotte.
PAN, Mr Albert.
CHOEUR DE CHASSEURS.
UNE BERGERE, Mlle Bourbonnois-L.
CHOEURS de BERGERS & de BERGERES.

PERSONNAGES DANSANS.

SUITE DE PAN;
FAUNES ET DRYADES.

Monsieur Javilliers-L.,
Messieurs Javilliers-2., Dumay, Monservin;
Mesdemoiselles Rabon, Petit, Erny.

SUITE DE VERTUMNE;

Monsieur D-Dumoulin;
Messieurs Matignon, Malter-C., P-Dumoulin, F-Dumoulin, Malter-L.; Hamoche.

SUITE DE POMONE;

Mademoiselle Camargo;
Mesdemoiselles Thiery, Dazencour, Courcelle, Minot, Dary, Couques.

QUATRIÉME ENTRÉE.

LA TERRE.

Le théâtre repréſente les jardins fruitiers de POMONE.

SCENE PREMIERE.

VERTUMNE,

un maſque de femme, à la main.

AMour, rends à mes feux Pomone moins rebelle,
Mes rivaux dans ſes fers ont envain ſoupiré:
Sans être plus heureux, Vertumne eſt plus fidelle;
Sous ce déguiſement, que tu m'as inſpiré
Amour, rends à mes feux Pomone moins rebelle.
Mais, c'eſt elle que j'aperçoi.

SCENE II.

POMONE, VERTUMNE, ſous la forme de NERINE.

VRTUMNE.

Belle Pomone, enfin je vous revoi;
Vous fuyez tous les yeux dans ce charmant azile,
Le bonheur de vous voir n'eſt donc fait que pour moi.

POMONE.

J'y viens rever: c'eſt un plaiſir tranquille,
Nerine, je n'y veux d'autres témoins que toi.
Jardins délicieux, agreables retraites,
Que je vous dois de paiſibles momens?
Beaux lieux, dont la nature a fait les ornemens,
Heureux qui ſent le prix de vos douceurs ſecretes.

VERTUMNE.

Ne jouiſſez-vous pas du bonheur que vous faites?
Ces champs ſi fertiles, ſi beaux,
Cette terre docile à vos heureux travaux,
Les fruits dont elle ſe couronne,
Tout préſente aux yeux de Pomone,
Des triomphes toujours nouveaux.

POMONE.

J'aime ce séjour solitaire ;
Des amans importuns j'y fuis l'empressement.

VERTUMNE.

Si quelque amant pouvoit vous plaire,
Il vous rendroit ce séjour plus charmant,
L'Amour sait embellir tous les lieux qu'il éclaire,
La solitude plaît avec un tendre amant.

Nos dieux, de vos rigueurs ne cessent de se plaindre,
Quoi ! serez-vous sans cesse en guerre avec l'Amour?

POMONE.

Je lui pardonnerai peut-être dès ce jour.

VERTUMNE.

à part.

Ciel ! quel nouveau rival aurai-je encore à craindre?

On entend un bruit de chasse.

POMONE.

Quel bruit trouble ici notre paix?
Dieux, gardez nos vergers, défendez mon ouvrage
Contre l'affreux ravage
Des monstres des forêts.

SCENE III.

PAN, VERTUMNE, POMONE.
Troupe de CHASSEURS.

PAN.

LE monſtre eſt tombé ſous mes traits,
Et ſa dépouille eſt un hommage,
Que mon amour préſente à vos attraits.

POMONE.

C'eſt avec bien du bruit m'expliquer votre flâme.

PAN.

L'éclat en ma faveur doit prévenir votre ame.

A mille autres appas mon cœur a reſiſté.
Qu'un mutuel amour aujourd'hui vous engage:
Goûtez, goûtez l'avantage
De triompher d'un dieu fier de ſa liberté.

POMONE.

L'appareil de votre victoire,
M'éfraye autant que le danger.

PAN.

Faunes, Silvains, chantez ſa gloire,
Sous ſes loix je veux vous ranger.
Elle enchaîne mon cœur & m'ôte la memoire
Des plus charmans objets, qui vouloient m'engager.

CHOEUR.

CHOEUR.

Chantons ſa gloire,
Sous ſes loix il faut nous ranger.

On danſe.

PAN, alternativement avec LE CHOEUR.

Chantez-tous Pomone,
Chantez ſes attraits,
L'Amour vous l'ordonne,
PAN. *Je* } *céde à ſes traits,*
CHOEUR. *Tout* }
Il regne juſqu'en nos forêts.

Heureux eſclavage!
Un cœur qui s'engage
Triomphe du poids de ſes fers;
PAN. *Offrez vos* } *charmants concers:*
CHOEUR. *Offrons nos* }
Sur cent tons divers,
Trompettes, ſonnez dans les airs.

On danſe.

POMONE.

Je reçois votre hommage avec reconnoiſſance;
Mais laiſſez-moi diſſiper ma frayeur:
Allez, et marquez-moi par votre obéiſſance,
Ce que je puis ſur votre cœur.

SCENE IV.

POMONE, VERTUMNE, sous la forme de NERINE.

VERTUMNE.

Aux soupirs du Dieu Pan vous êtes peu sensible.

POMONE.

Eloignons-nous, s'il est possible.

VERTUMNE.

Où voulez-vous aller?

POMONE.

Je ne sai; sui mes pas.
Non, demeure plutot.

VERTUMNE.

Je ne vous quitte pas.

POMONE.

Je te cheris, Nerine, et sais ton zele extrême.

VERTUMNE.

Non, vous ne savez pas à quel point je vous aime.

POMONE.

Penses-tu que l'Amour puisse encor nous former
Ces douceurs, ces plaisirs dont nos chants l'aplaudissent?

VERTUMNE.

Croyez que le bonheur dont les amans jouissent,
Se sent mille fois mieux qu'on ne peut l'exprimer.

L'hommage du dieu Pan vous touchera peut-être.

POMONE.

Ah! Qu'un amant aimable est pour nous dangereux!
à part.
Que mon trouble est affreux!
Je voudrois que mon cœur pût demeurer son maître:
à VERTUMNE.
Donne-moi tes conseils, je n'écoute que toi.

VERTUMNE.

Tout ce que vous voyez vous parle mieux que moi.
Voyez dans ces vergers la source qui serpente,
Elle embrasse cent fois les jeunes arbrisseaux:
Unie avec l'ormeau, cette vigne abondante
S'éleve & croît sur ses rameaux.
Cette autre sans appui demeure languissante;
Ces palmiers amoureux s'unissent en berceaux;
C'est le plaisir d'aimer que le rossignol chante:
Ces ondes & ces bois, ces fruits & ces oiseaux
Tout vous est de l'amour une leçon vivante.

POMONE.

Helas!

VERTUMNE.

Vous soupirez,

POMONE.

Quel mouvement confus!
Voi si dans ces jardins on ne peut nous entendre.

VERTUMNE.

Vous êtes seule ici, parlez.

POMONE.

Il faut se rendre.
Tes conseils sont suivis ou plutot prévenus :
Du dieu que je bravois je n'ai pû me défendre.

VERTUMNE.

à part.

Vous aimez !.. Quel objet !.. Que va-t-elle m'aprendre?

POMONE.

Tu me justifieras de mon vainqueur.
L'amant que j'aime ignore sa victoire :
Nerine, jure-moi de ménager ma gloire.

VERTUMNE.

Ah ! ce n'est pas de moi qu'il saura son bonheur.

POMONE.

Mais faudra-t-il toujours qu'il l'ignore lui-même?

VERTUMNE.

Eh c'est...

POMONE.

Vertumne.

VERTUMNE.

O ciel !

POMONE.

C'est Vertumne que j'aime?

VERTUMNE.

En se démasquant.

Vertumne à vos genoux meurt de joye & d'amour.

POMONE.

Que vois-je! O dieux! Par quel détour
Avez-vous forcé mon silence!
Je devrois vous punir d'une pareille offense.

VERTUMNE.

N'ai-je pas trop souffert à cacher mes transports?

POMONE.

Contre un amant qui plaît on fait de vains efforts.

ENSEMBLE.

Vole Amour, joui de ta gloire,
Triomphe, c'est à toi que nos plaisirs sont dûs;
Répare les momens que {mon / son} cœur a perdus
A te disputer la victoire.

POMONE.

Que tout brille en ces lieux d'une beauté nouvelle,
Que l'air y soit plus pur, et la terre plus belle.
Et vous que mes bienfaits ont soumis à mes loix,
Venez, accourez-tous, et célébrez mon choix.

SCENE V.

VERTUMNE, POMONE, JARDINIERS, ET JARDINIERES.

CHOEUR.

Echos, réveillez-vous, repetez nos chansons,
De si beaux nœuds font le bonheur du monde;
Que pour eux des plaisirs la source soit feconde,
Comme nos plus riches moissons.

On danse.

POMONE.

Charmant Amour, lancez tous vos traits dans mon ame,
Oiseaux, dont le printems renouvelle la flamme,
Chantez, rendez hommage à mon vainqueur;
De ce jour seulement je compte mon bonheur.

On danse.

UNE BERGERE,

alternativement avec LE CHOEUR.

De nos fleurs
Les vives couleurs
N'ont point à l'aurore
Couté de pleurs.

Tendre Amour,
Tu les fais éclore,
Tu vaux à Flore
Le plus beau jour.

De tes ardeurs,
De tes langueurs
Viens répandre les charmes
Dans tous les cœurs.

Plus d'allarmes,
Que tes armes
Soient nos soupirs
Et nos plaisirs.

On danse.

UNE BERGERE.

Ah! Que d'aimables loix
L'Amour impose à nos hommages!
Ah! Que sur nous cent fois
S'épuise son carquois:

Il réveille vos ramages,
Oiseaux, il dit par vos voix:
Cœurs volages,
Cœurs sauvages,
Fuyez de ces bois:

Non, non, sans la tendresse
Ne comptons plus de jeunesse,
Non, l'Amour sait tromper le tems ;
Pour ceux qu'il blesse
Tout devient printems.

On danse.

CHOEUR.

Echos, réveillez-vous, repetez nos chansons.
De si beaux nœuds font le bonheur du monde,
Que pour eux des plaisirs la source soit feconde,
Comme nos plus riches moissons.

FIN.

APROBATION.

J'Ai lû par ordre de monseigneur le Chancelier, cette réimpression *des Elemens, Ballet ;* et je pense que toutes les fois qu'il sera remis au théâtre, il aura la même réussite qu'il a mérité dès qu'il a paru. Fait à Paris, le vingt-sept avril 1742. LA SERRE.

PRIVILEGE DU ROY.

LOUIS par la grace de Dieu, Roy de France & de Navarre : A nos amez & feaux Conseillers, les Gens tenants nos Cours de Parlement, Maîtres des Requêtes ordinaires de nôtre Hôtel, Grand Conseil, Prevôt de Paris, Baillifs, Sénéchaux, leurs Lieutenans-Civils, & autres nos Justiciers qu'il appartiendra, Salut. Nôtre cher & bien amé le Sieur LOUIS-ARMAND-EUGENE DE THURET, cy-devant Capitaine au Regiment de Picardie ; Nous a fait représenter que, par Arrest de nôtre Conseil du 30. May 1733. Nous avons revoqué le Privilege qui avoit été accordé au Sieur le Comte & ses Associez, pour raison de l'Academie Royale de Musique, ses circonstances & dependances, & rétabli ledit Privilege en faveur dudit Sieur Exposant, pour en joüir par luy, ses Associez, Cessionnaires & Ayans-cause aux charges & conditions portées par ledit Arrest, pendant le temps & espace de vingt-neuf années, à compter du premier Avril de ladite année 1733. Et que pour l'exploitation dudit Privilege, ledit Sieur Exposant se trouve obligé de faire imprimer & graver les Paroles & la Musique des Opera qui doivent être représentez ; mais que pour cet effet il a besoin de nôtre permission & des Lettres qu'il Nous a tres-humblement fait supplier de luy accorder. A CES CAUSES, voulant favorablement traiter ledit Exposant ; Nous luy avons permis & permettons par ces Presentes de faire imprimer & graver *les Paroles & Musiques des Opera, Ballets & Fêtes qui ont été ou qui seront représentez par l'Academie Royale de Musique, tant séparément que conjointement* en tels Volumes, forme, marge, caractere, & autant de fois que bon luy semblera, & de les faire vendre & débiter par tout nôtre Royaume, pendant le temps de vingt-neuf années consecutives, à compter du jour de la datte desdites Presentes. Faisons défenses à toutes personnes, de quelque qualité & condition qu'elles soient d'en introduire d'Impression ou Gravûre Etrangere dans aucun lieu de nôtre obéïssance : Comme aussi à tous Imprimeurs, Libraires, Graveurs, Imprimeurs, Marchands en Taille-Douce, & autres de graver, ny faire graver, imprimer, ou faire imprimer, vendre, faire vendre, débiter ny contrefaire lesdites Impressions, Planches & Figures de Paroles de Musique des Opera, Ballets & Fêtes, qui ont été ou qui seront representez par ladite Academie Royale de Musique, tant separément que conjointement en tout ny en partie, sans la permission expresse & par écrit dudit Sieur Exposant, ou de ceux qui auront droit de luy ; à peine de confiscation, tant des Planches & Figures, que des Exemplaires contrefaits & des Ustanciles qui auront servy à ladite contrefaçon, que Nous entendons être saisis en quelque lieu qu'ils soient trouvez ; de dix mille livres d'amende contre chacun des Contrevenans, dont un tiers à Nous, un tiers à l'Hôtel-Dieu de Paris, l'autre tiers audit Sieur Exposant, & de tous dépens, dommages & interests, à la charge que ces Presentes seront enregistrées tout au long sur le Registre de la Communauté des Libraires & Imprimeurs de Paris, dans trois Mois de la datte d'icelles ; Que la Gravûre & Impression desdites Paroles & Opera sera faite dans nôtre Royaume & non ailleurs, en bon papier & beaux caracteres, conformément aux Reglemens de la Librairie, & notamment à celui du dix Avril 1725. & qu'avant que de les exposer en vente, les Manuscrits gravez ou imprimez seront remis dans le même état où les Aprobations auront été données ès mains de nôtre tres-cher & feal Chevalier Garde des Sceaux de France, le Sieur Chauvelin ; & qu'il en sera ensuite remis deux Exemplaires de chacun dans nôtre Bibliotheque publique, un dans celle de nôtre Château du Louvre, & un dans celle de nôtre tres-cher & feal Chevalier Garde des Sceaux de France, le Sieur Chauvelin ; Le tout à peine de nullité des Presentes ; Du contenu desquelles Vous mandons & enjoignons de faire joüir ledit Sieur Exposant, ou ses Ayants-cause, pleinement & paisiblement sans souffrir qu'il leur soit fait aucun trouble ou empeschement. Voulons que la Copie desdites presentes, qui sera imprimée tout au long au commencement ou à la fin desdites Paroles ou Opera, soit tenuë pour dûëment signifiée ; & qu'aux Copies collationnées par l'un de nos amez & feaux Conseillers & Secretaires, foy soit ajoûtée comme à l'Original. Commandons au premier nôtre Huissier ou Sergent, de faire pour l'execution d'icelles tous Actes requis & necessaires, sans demander autre permission, & nonobstant Clameur de Haro, Charte Normande & Lettres à ce contraires. CAR tel est nôtre plaisir. DONNE' à Fontainebleau le douziéme jour de Novembre, l'An de Grace mil sept cent trente-quatre, & de nôtre Regne le vingtiéme ; *Et plus bas*, Par le Roy en son Conseil. *Signé* SAINSON, avec paraphe.

J'ay cedé à M. BALLARD le present Privilege, suivant le Traité fait avec luy le premier Septembre 1730. A Paris ce 23. Novembre 1734. DE THURET.

Registré ensemble la Cession, sur le Registre VIII. de la Chambre Royale des Libraires & Imprimeurs de Paris N. 797. *fol.* 779. *conformement aux anciens Reglemens confirmez par celuy du* 28. *Fevrier* 1723. *A Paris le* 23. *Novembre* 1734. G. MARTIN Syndic.

www.ingramcontent.com/pod-product-compliance
Ingram Content Group UK Ltd.
Pitfield, Milton Keynes, MK11 3LW, UK
UKHW021501260726
13993UKWH00004B/1510